路德维希·维特根斯坦 1889 年 4 月 26 日生于奥地利维也纳。20 世纪最重要的哲学家之一，被视为天才的典范。主要著作有《逻辑哲学论》《哲学研究》《哲学语法》《文化与价值》等。1930 年起任剑桥大学三一学院研究员，后担任教授并于 1947 年辞职。1949 年维特根斯坦查出患有癌症。生前最后一段时间，他住在剑桥一位医生朋友家里，继续从事哲学写作，直到生命的最后两天。1951 年 4 月 29 日与世长辞。

陈嘉映 首都师范大学哲学系资深教授，曾先后任教于北京大学哲学系、华东师范大学哲学系。主要著作有《说理》《哲学·科学·常识》《何为良好生活》《走出唯一真理观》《价值的理由》等，译有《存在与时间》《哲学研究》等。

光尘
LUXOPUS

[奥地利] 路德维希·维特根斯坦 著 ＼ 陈嘉映 译　　**不可言说**

上海文艺出版社

LUDWIG

WITTGENSTEIN

1

《1914—1916年笔记》

哲学家的一种主要艺术是不忙劳于与他无关的问题。

2

《文化与价值》

有时，一个句子只有以适当的语速读出来才能听懂。
我的句子全都要慢慢地读出来。

3

《纸条集》

> 我们要的是安安静静地权衡语言事实，
> 而不是躁动纷扰地进行猜测和解释。

4

为了幸福地生活,我必须与这个世界保持一致。
并且这就是"得到幸福"所意味的。

——《1914—1916 年笔记》

5

《哲学研究》

有的事情别人不问时我们明白，
一旦要我们解释它我们就不明白了；
而这正是我们必须留心思索的东西。

凡可思想的东西皆可清楚地思想。
凡可说出的东西皆可清楚地说出。

6

《逻辑哲学论》

7

《逻辑哲学论》

对于不可说的东西我们必须保持沉默。

8

《哲学研究》

我要教的是：把不曾昭然若揭的胡话转变成为昭然若揭的胡话。

9

《文化与价值》

知道太多的人不撒谎也难。

10

《逻辑哲学论》

我们觉得,即使一切可能的科学问题都已得到解答,人生问题也还完全未被触及。

11

《逻辑哲学论》

哲学的目的是从逻辑上澄清思想。

哲学应该使一些思想变得清晰，变得井井有条，
否则，这些思想就仿佛浑浊、无序。

12

《逻辑哲学论》

13

《维特根斯坦与维也纳学派》

对我来说,理论没有任何价值。理论不给我任何东西。

14

典型的西方科学家是否理解我或欣赏我,对我无所谓,
因为他不理解我写作的精神。

《维特根斯坦手稿》

15

《关于心理学哲学的最后著作》

科学进步对哲学有用吗?当然。揭示出来的实际情况减轻了哲学家的负担,不必再去设想某些可能性。

世界独立于我的意志。

16

——《逻辑哲学论》

17

《逻辑哲学论》

我是我的世界。（小宇宙。）

我的语言的界限意谓我的世界的界限。

18

《逻辑哲学论》

19

《逻辑哲学论》

世界和生命是一回事。

我的思想上，就像每个人的思想上一样，
挂附着我从前的（已经枯死的）思想的皱缩外皮。

20

《文化与价值》

21

《逻辑哲学论》

全部哲学都是"语言批判"。

我们使用"哲学"这个词，
指的是一场反对由语言表达方式施予我们的魔力的战斗。

《蓝皮书》

23

《大打字稿》

哲学家努力找到一个起解放作用的词,
即,有什么东西一直压迫我们的意识却又难以明察,
而这个词终于能让我们把它抓住。

有些保险柜需要用某个词或某个数打开:
你在用上这个正确的词之前,
无论用多大蛮力都打不开门,
但用上了这个词,一个孩子就能打开它。
哲学问题就是这样。

《大打字稿》

25

《哲学语法》

哲学的任务不是去创造一种新的、理想的语言,
而是去澄清我们的语言、现存的语言的语言用法。
其目的在于消除特定的误解,
而不在于从头创造真实的理解。

哲学家提供给我们一个词,
它使我们能够把事情变得鲜明、无害。

《大打字稿》

27

《关于心理学哲学的最后著作》

没有什么比不带成见地考察概念更困难的了。
因为成见也是一种理解。
对于我们,很多东西都依赖于放弃成见。

28

《哲学研究》

一幅图画囚禁了我们。我们逃不脱它，因为它在我们的语言之中，而语言似乎不断向我们重复它。

《逻辑哲学论》

语言乔装了思想。并且是这样,即根据这件衣服的外部形式,
不能推知被乔装的思想的形式,因为衣服的外部形式
完全不是为了让人们知道身体的形式制作出来的,
而是为了完全不同的目的。

哲学病的一个主要原因——偏食：
只用一类例子来滋养思想。

《哲学研究》

《大打字稿》

语言为所有人设下了相同的陷阱:踏得光滑了的错误路径
交错而成让人惊恐的网罗。
于是我们看到一个又一个走上同样的路,
我们知道他们会在哪里转入歧途,
在哪里会闭目不见分岔笔直向前,等等。
所以,我应该做的是,在会转错的岔路口一一树上标志,
帮助人们行过这些危险的区域。

哲学家诊治一个问题；就像诊治一种疾病。

《哲学研究》

我们的考察是从哪里获得重要性的？
——因为它似乎只是在摧毁所有有趣的东西，
即所有伟大而重要的东西。
（就像摧毁了所有建筑，只留下一堆瓦砾。）
我们摧毁的只是搭建在语言地基上的纸房子，
从而让语言的地基干净敞亮。

哲学的成果是揭示出这样那样的十足的胡话，
揭示我们的理解撞上了语言的界限撞出的肿块。
这些肿块让我们认识到揭示工作的价值。

《哲学研究》

35

《论确实性》

我的目的当然一定是说出人们在这里想要说出但又不能有意义地说出的话。

36

《论确实性》

于是我们清洗掉那些不能引导我们前进的句子。

37

《关于心理学哲学的最后著作》

疾病无法治愈是常规,而非例外。

困难在于:让自己停下来。

——《纸条集》

38

哲学中最难做到的是所说的不多于我们真正知道的。

哲学解开我们思想中的结；
所以它的结果一定是简明的，
但哲学探索却像它去解的那些结一样复杂。

"慢慢来!" 哲学家就该这样互相问候。

在哲学中，胜出的是最后到达终点的人。

42

《文化与价值》

43

《文化与价值》

一个新词就像一颗新鲜的种子撒到讨论的园地里。

一个看上去低劣的句子却可以是一个出色句子的胚芽。

《文化与价值》

45

《文化与价值》

一个平庸的写作者必须留意,
不要太急于用正确的表达式替换掉那个粗陋的、
不正确的表达式。这样一来,他扼杀了那个初降的想法,
它反倒还曾是个活生生的幼苗。而现在它枯死了,
毫无价值。现在可以把它丢到垃圾堆里去了。
而那个可怜的小幼苗却还曾有点儿用处。

46

《大打字稿》

哲学的困难不像科学的困难,那不是智性上的困难,而是皈依的困难。需要被征服的是意志的抵抗。

《大打字稿》

像我经常说的,哲学并不要求我做出任何牺牲,
因为我并不禁止自己去说任何东西,
而只是因某些语词组合无意义而放弃它们。
但在另一种意义上,哲学的确要求一种弃绝,
但那是感情上的弃绝,而非理解上的弃绝。
也许正是这一点使得哲学对很多人这么困难。
弃而不用某个表达式,可以像忍泪或制怒一样困难。

如果一样事物是富有意义的,是重要的,使它难以理解的,
并不在于要理解它就需要某些关于晦涩难解之事的特殊教导,
而在于对它的正确理解与大多数人愿望看到的东西相冲突。
因此,恰恰是最切近的事物可以成为最难以理解的。
有待克服的不是理解方面的困难,而是意志方面的困难。

——《大打字稿》

49

《大打字稿》

哲学中要做的工作——像常常在建筑中一样——其实更多的是做自己的工作。针对自己的观点做工作。针对怎样看待事物。(以及从事物那里所要的是什么。)

我们所做的很大一部分事情是改变思想风格的问题。

50

——《关于美学、心理学、宗教信仰的课程和谈话》

51

《论数学的基础》

一个时代的疾病只能通过人类生活方式的改变治愈，
哲学上的疾病只能通过思想方式和生活方式的改变才能治愈；
都不是靠某个人发明出一种药物。

哲学中最危险的观念之一是——说起来很奇怪——
我们用头脑思想,或我们在头脑中思想。

52

《纸条集》

谁要是不愿解决哲学问题，——他干吗不放弃这些努力？
因为解决哲学问题意味着改变他的立场，
改变旧的思想方式。你不愿改变，
那你应该把这些问题当作无法解决的。

人类深深陷在哲学混乱亦即语法混乱之中。
形形色色的联想绑住了他们,不先从这些联想中解脱出来,
就无法使他们获得自由。

——《大打字稿》

《战时笔记》

你觉得自己在某个问题上滞留不前的时候,
不要一再去思考它,否则你就会被粘在那上面。
我们倒是必须在我们完全胜任愉快之处开始思考。
切勿硬来!坚硬的问题必须在我们面前自行松解。

从事哲学，你须得降入那古老的混沌，在那里如鱼得水。

《文化与价值》

57

《大打字稿》

哲学家发疯一般,无助呼叫,
直到他到达自己迷乱之团的核心。

一个哲学问题就是对我们概念无序的一种意识，这种无序可以通过梳理整顿消除。

——《大打字稿》

《大打字稿》

所有哲学问题的解决就是这个样子的。
唯当回答是平白日常的,它们才会是正确的回答。

我相信，一个哲学家，一个能独立思考的人，
会有兴趣读我的笔记。因为即使我很少击中靶心，
他也会看出我在不懈地射向什么靶子。

《论确实性》

我在我的书里没办法说出音乐在我的一生中都意味着什么,关于这一切一个字都说不出。那我怎能指望被人理解呢?

我心上的皱褶总要一瓣瓣粘连在一起，为了敞开它，我就不得不总是重新把它们撕开。

《文化与价值》

《文化与价值》

要做出重要的成就，我太软太弱了，并因此太懒惰了。
伟大人物的勤勉，不说别的，那是其力量的一个标志，
且不说他们内在的丰富。

世界是事实的总和,不是物的总和。

《逻辑哲学论》

真的思想的总和是世界的一幅图像。

语言的界限于此显示:除了重复同一个句子,
你不可能描述与这个句子相应的事实。
[作为这个句子的翻译的事实]。

《文化与价值》

《哲学研究》

我们踏上了光滑的冰面,没有摩擦,因此在某种意义上条件是理想的,但我们也正因此无法前行。我们要前行;所以我们需要摩擦。回到粗糙的地面上来吧!

理解一个句子就是说：理解一种语言。
理解一种语言就是说：掌握一种技术。

69

《纸条集》

我画一张图纸,不只是为了让别人懂得,而且也为了让自己明白这件事情。
(亦即,语言不只是交流手段。)

"你真是什么都不明白!"
我们这样说——
当这个人对我们明明白白认之为真的东西仍存疑惑,
——而我们又提不出任何证明的时候。

《哲学研究》

71

《哲学研究》

一个人对另一个人可能完全是个谜。
我们来到一个具有完全陌异传统的陌异国度
所经验到的就是这样;
即使我们掌握了这地方的语言仍是这样。
我们不懂那里的人。
(不是因为不知道他们互相说些什么。)
我们在他们中间找不到自己的位置。

想象一种语言就叫作想象一种生活形式。

《哲学研究》

73

《文化与价值》

要紧的不是人们说出的话或说这话时想的东西,而是这话在人生的不同站点上带来的区别。

"我知道那是一颗树。"
为什么我会觉得好像听不懂这句话？
尽管它是个极简单极寻常的句子？
就好像我不能把我的心智调准到某种意义上。
就因为我并未在这种意义所在的范围里去调准。
我一旦抛开哲学用法去考虑这个句子的日常用法，
其意义马上变得清楚而寻常。

《论确实性》

《哲学语法》

> 只有借助语言,我们才能解释所言说的东西,因此,在这个意义上我们不能解释语言本身。语言必须自己表明自己。

我愿这样解说：词在语法中的位置就是它的意义。

——《哲学语法》

《论颜色》

在一幅图画里，白色一定是最浅的颜色。

一个人日复一日答应说"明天我来看你"
——他每天说的都一样,还是每天说的都不一样?

《哲学研究》

别以为你心里有颜色概念是因为你看着有色的物体
——无论你怎么看。
（就像你有负数概念不是由于你负债。）

要确立一种实践，仅有规则是不够的，还需要示例。
我们的规则留下了后门没关上，实践必须自己表明自己。

——《论确实性》

81

《哲学研究》

游戏不仅有规则,而且也有旨趣。

"我知道我要什么,愿望什么,相信什么,感觉什么……"
(诸如此类一切心理动词);
这要么是哲学家的胡言,要么不是一个先天判断。

83

《哲学研究》

我可以知道别人在想什么,但不可以知道我在想什么。
说"我知道你在想什么"是正当的,
说"我知道我在想什么"是错误的。
(一大团哲学的云雾凝聚成一滴语法。)

可以说"没有怀疑之处也就没有知"吗?

《论确实性》

应当把害怕的对象和害怕的原因区别开来。
因而,一张让我们害怕或让我们欢喜的面孔
(害怕或欢喜的对象),并不是这些感情的原因,
而是——我们可以说——它们的方向。

"我们为什么惩罚罪犯？是出于报复的欲望？
是为了防止再次犯罪？"诸如此类。
实际上没有一个唯一的理由。
存在着一套惩罚罪犯的制度。
不同的人出于不同的理由支持它。

——《关于美学、心理学、宗教信仰的课程和谈话》

人们把什么当作有理由的,显示出他们怎样思想怎样生活。

任何解释总有到头的时候。

——《哲学研究》

88

89

《论确实性》

理由穷尽处,是劝说。

困难不在于找到一种解决办法,
而在于承认某些对它来说好像只是初级的东西就是解决办法。

《纸条集》

《论确实性》

对于"我就是知道"这种确实性,
我现在不想把它看作某种与草率或肤浅相类似的东西,
而是想把它看作(一种)生活形式。
(这样表达很糟糕,这样想多半也不好。)

历史书里关于原因结果的唠叨,没有什么比这更愚蠢了;
比这更颠倒是非,更少审思。
——但谁能靠指出这一点止住这唠叨?

《文化与价值》

《哲学研究》

往往当我们把"为什么"的问题压下来，
我们才意识到那些重要的事实；
这些事实后来才在我们的探索中引向答案。

一个人以某种特定的方式学习，他就思想。

《纸条集》

95

《纸条集》

我倾向于说到无生命之物时像是说到某种缺了点儿什么的东西。

我断然把生命视作某种增加,

添加到无生命之物上的某种东西。

(心理氛围。)

思想有时也会尚未成熟就从树上掉落。

《文化与价值》

只有学会了说,才能有所说。
因此,愿有所说,就必须掌握一种语言;
但显然,可以愿说却不说。
就像一个人也可以愿跳舞却不跳。

"思想，这个稀奇东西"——但我们思想时并不觉得它稀奇。
我们思想时也不觉得思想神秘，唯当我们仿佛反省着说：
"那怎么可能？"我们才觉得思想神秘。

直到我们找到了要找的东西,我们才获知我们寻找的是什么;
直到愿望得到了满足,我们才获知原先愿望的是什么
——这种想法把我们怎样判明愿望或寻找的过程
当成了旁人怎样判明愿望或寻找的表征。

《哲学语法》

思想所在的空间就是可怀疑之物所在的那个空间，
思想紧贴在可怀疑之物上，
就如同尺子紧贴在被测量之物上一样。

《哲学语法》

我们理解了一句话时，对我们而言它获得了一种深度。

意图镶嵌在处境、人类习俗和建制之中。
若没有象棋技术，我就不可能有下棋的意图。

《哲学研究》

自我观察让我的行动、我的动作变得不自在，
这类说法说的是什么？
我这时不可能没有观察到自己正被观察。
我观察自己的目的不同于我观察别人。

人回忆，从而才学到过去之事的概念。

《纸条集》

你可以占有一面镜子；
但你这时也就占有了镜子里展示的图像吗？

你感觉到一个曲子很严肃——你知觉到了什么?
这靠把你听到的重复出来是传达不出来的。

《哲学研究》

我们在这里有一个巨大的危险：想要做出精致的区别。
——当我们想要从"真正所见"来定义物体概念的时候，
我们就面临这样的危险。倒不如把日常语言游戏接受下来，
识别出虚假的表述之为虚假。

深刻的景貌容易消隐。

——《哲学研究》

某些种类的解释有难以抗拒的吸引力。
……尤其是"真正说来就是这个"这种。

——《关于美学、心理学、宗教信仰的课程和谈话》

我们不能从现在的事件推出将来的事件。

相信因果联系是迷信。

——《逻辑哲学论》

111

《关于心理学哲学的最后著作》

> 我认为，不可预测必定是心理世界的一种本质属性。
> 同样，表达方式有无穷无尽的多样性也是。

我只能看到而不能听到红和绿,——但我能听到悲伤,一如我能看到悲伤。

《哲学研究》

唯非常不幸的人有权怜悯另一个人。

一个人能不能有一秒钟感到了热烈的爱情或希望——
无论这一秒钟之前之后发生的是什么？
——这时发生的事情——在这一环境之中——有意义。
环境给予这事情以重要性。

《关于心理学哲学的评论》

爱,这种重要之事,不是一种感觉,而是某种更深的东西,在感觉中它只是得到表现。

一个人得能够做那么那么多事情,我们才会说:他在思想。

《关于心理学哲学的评论》

我自言自语时出声说出了我的想法，无人听到，
这时思想也是"私有"的吗？
"只有我自己知道我的思想。"
这却大致是说："如果我要，我就能描述它，表达它。"

人的身体是人的灵魂的最好的图画。

《哲学研究》

119

《纸条集》

不应把矛盾看作灾难,应看作一堵墙,它向我们表明,我们在此无法继续前进。

找到起点是如此困难。或者不如说：
困难的是从起点开始。而不再继续向后面追寻。

《论确实性》

《哲学研究》

我把手放进火里,火就会烧伤我:这就是确凿性。

困难在于认识到我们的相信是没有根据的。

《论确实性》

《论确实性》

我有一幅世界图景,并非因为我让自己信服它是正确的,
也非因为我现在确信它是正确的。
而在于,它是传承下来的背景,
我依托这个背景来分辨真伪。

现在,稳固不移的东西把形式赋予我们的考察和我们的研究。

也许它们曾受到质疑。

但是它们也许自久远得不可想象的年代以来

就属于我们所有考察的框架。

《论确实性》

125

《论确实性》

孩子学会相信许多事情。
也就是说,孩子学会按他所相信的去行动等等。
他逐步为自己建起来一个所相信之事的系统,
在这个系统里,有些稳固不可动摇,
而有些则或多或少是可变的。那些稳固的,
其稳固不是因为它们本身显而易见或令人信服,
而是因为周围的信念把它们牢牢固定住了。

孩子相信成年人，他们由此学到这样那样。
怀疑出现在信念之后。

——《论确实性》

127

《哲学研究》

我可以闪电般地整个看见或理解一个思想,
就像我可以用不多几个字甚或几个线条记录下这个思想。
什么使得这个记录成为这个思想的概要?

人们必须从错误开始,把错误转变为真理。
这是说,人们必须揭示错误的根源,
否则,听到真理毫无用处。
当别的什么东西占着她的位置,真理无法强行夺入。
要让人信服真理,述明真理是不够的,
我们必须找到从错误转向真理的道路。

——《关于金枝的评论》

《纸条集》

在某种意义上,对待哲学迷误,
再小心也不为过,它们包含这么多真理。

毫无疑问,如果某种毁伤让我们在自己的眼睛里变得卑下、可笑,它就能让我们丧失自卫的意志。
我们有时会因为自己的身体相貌差人一等而感到何等自惭——或者有很多人是这样,包括我自己。

《关于金枝的评论》

《关于金枝的评论》

有学问的人们总是喜欢有个理论!

一个孩子要能伪装先得学得好多东西。

《哲学研究》

《文化与价值》

一个时代误解另一个时代;
而一个渺小的时代以它特有的可厌方式误解其他所有时代。

幽默不是一种心情,而是一种世界观。
因此,说纳粹德国扫除了幽默这话若是对的,
那并不是说人们那时心情不愉快或诸如此类,
而是在说某种远更深入和重要的东西。

《文化与价值》

我们想到世界的未来,
我们总是意谓世界沿着我们现在看到
它所行进的方向继续下去将会到达的地方,
而不去想它走的不是直线而是曲线,它的方向经常改变。

《文化与价值》

我曾经说,也许说得满对:以往的文化将变成一堆瓦砾,并终成土灰。但精灵们将盘旋在土灰之上。

《文化与价值》

《哲学研究》

不要试图去分析你自己的内心体验!

你写你自己,不可能写得比你实际所是更真。
写自己与写外部事物,区别在此。
你从自己的高度上写自己。
因为你不踩在高跷上或梯子上,你光脚站着。

《文化与价值》

《文化与价值》

愿思考是一回事；有思考的才能是另一回事。

人有冲撞语言界线的冲动。

——《维特根斯坦与维也纳学派》

一切伟大的艺术中都有一头野兽:驯服了的。
……一切伟大艺术都含有人的原始冲动,那是其基础低音。
它不是旋律(像在瓦格纳那里,也许),
而是某种给予旋律以深度和力量的东西。

《文化与价值》

一个糟糕时代的伟大建筑师的任务全然不同于
一个良好时代的伟大建筑师的任务。
再说一遍,不要被类别词(普遍概念词)欺蒙。
不要把可比较性,而要把不可比较性视为不言而喻。

《文化与价值》

漂亮的东西不可能是美的。

最精致的品味也无涉于创造力。
品味是精致的感受性；
但感受性无所从事，它只是汲取。

我无法判明自己只有品味抑或也有原创力。我清楚自己有品味，
但不清楚是否有原创力，或极其模糊地觉得自己有。
也许一定是这样，人只能看到他拥有的，不能看到他所是的。
人而无欺，他就足够原创了。因为值得期盼的原创
当然不可能是某种花样，或某种癖性，无论它们多么抢眼。

在我们称作艺术的领域,有判断力的人才能发展。
……我们对某一事物做出美学判断,
我们并非只是瞪着它说:"啊,多出色!"
我们区分一个知道他在说什么的人和一个不知道他在说什么的人。
前面那一个,他必须在一个长时段里有一致的反应。
他必须知道很多东西……一个人听到某个曲子说"啊真棒",
我们并不就说他懂音乐。

《关于美学、心理学、宗教信仰的课程和谈话》

若解答不可说，求此解的问题也就不可说。

谜不存在。

一个问题只要能提出，它就能够得到解答。

如果怀疑论要在不能提出问题的地方产生怀疑，
那么，怀疑论不是驳不倒的，而是显然无意义的。
因为唯有存在问题之处才有怀疑；唯在有解答之处才有问题，
唯在能够有所言说之处才有解答。

《逻辑哲学论》

《论确实性》

谁要怀疑一切,谁就连怀疑的边儿都沾不到。
怀疑这种游戏本身已经预设了确实性。

怀疑只能依赖不容怀疑的东西。

——《论确实性》

151

《论确实性》

有理智的人不抱有某些怀疑。

命令有时不被服从。但若命令从不被服从，那会是什么样子？"命令"这个概念就会无的放矢。

——《哲学研究》

我们的思想里，理想稳如磐石。你无法脱离理想；
你终必返回理想。也根本没有理想之外；外边没有氧气。
——这都是从哪儿来的？这想法像我们鼻子上架的一副眼镜，
我们要看，就要透过它看。
我们简直从未想到过把这副眼镜摘掉。

我的命题以如下方式起到阐明作用：
知我者通过它们、借助它们且越过它们，
最终认识到它们是无意义的。
（就像他借助梯子登上高处后必须把梯子扔开。）
他必须克服这些命题，然后他会正确地看世界。

我的书就仿佛是从内部为伦理领域划界，
我坚信这是唯一严格的划界方式。
简言之，我相信，今天很多人只是在那里说空话，
而我在我的书里把所有东西，都牢牢放到了它们的位置上，
——通过对它们保持沉默。

我们不能思想我们不能思想的东西；
而我们也不能言说我们所不能思想的东西。

——《逻辑哲学论》

当然,有不可说的东西。它显示自己,它是神秘的东西。

神秘者，不是世界是怎样的，而是：世界存在着。

《逻辑哲学论》

《文化与价值》

每个早晨都不得不重新掘开无生命的石砾
去接近那生机勃勃的温暖的种子。

我的理想是某种冷静的东西。
一座教堂，为各种激情提供环境，但不掺入其中。

《战时笔记》

即使最近的将来也完全不能确知。
简言之,有这样一些时刻,
在其中我不只是生活在现实之中,
而能够为精神生活。
我们应当把生活中的美好时刻视作恩惠,
怀着感激之心去欣享,此外则对生活漠然无谓。

我还是一直不领悟：我履行我的义务只因为那是我的义务，

而我整个人都是为精神生活准备的。

我或许在一个钟头后死掉，或许在两个钟头后死掉，

或许在一个月后死掉，或许在几年以后才死掉；

对此我无从知晓，无从做任何事情来促进之或反对之。

这就是人生。那么，我必须如何生活才能存在于每个瞬间之中？

——在善和美之中生活，直至生命自行终止。

——《战时笔记》

《逻辑哲学论》

也就像随着死亡,世界不是改变而是终止。

死亡不是生活里的事件。人不经历死亡。
如果我们不把永恒理解为无穷的时间延续，
而是理解为无时间性，那么，谁当下活着，他就永恒地活着。
我们的生命之为无穷，有如视域之为无界。

不要那么关注想来只有你一个人才做的事情!

思想死于求荣耀之际。

《文化与价值》

生活的问题在表层上得不到解决,只有在深处得到解决。

你在生活中看到问题,
其解决之方是一种使得成问题之处消失的生活方式。

《文化与价值》

但我们难道不觉得,谁看不到生活成其为问题,
他是盲然无视某种重要的东西,那最重要的东西?

没有人能真心诚意说他自己毫无价值。
因为,我若这么说,即使这在某种意义上可能是真的,
我也不可能让这一真理穿透整个的我:
否则我会发疯,或改变我自己。

《文化与价值》

一切智慧都是冷的；人无法藉智慧使生活正顺，就像不能锻造冷铁。

说一个句子没意义,却不是仿佛说它的意义是没意义的。而是某种语词组合被排除在语言之外,停止了流通。

《哲学研究》

173

《纸条集》

有时只能在心灵的耳朵里唤起一个曲子,不能吹口哨,
因为轻轻的口哨声就已经盖住了心里的声音,
同样,一个哲学思想的声音有时那么轻,
若被人提问而要谈吐,出声言辞的噪音就会盖住它,
就不再听得到它。

别怕说无意义的话!别!
只不过你一定要听到你在说无意义的话。

——《文化与价值》

《逻辑哲学论》

太阳明天会升起，这是一个假设；这是说：我们不知道它是否会升起。

教孩子说话靠的不是解释或定义,而是训练。

——《哲学研究》

177

《哲学研究》

即使狮子会说话,我们也理解不了它。

你给我一个用我不熟悉的符号写成的句子,
同时给我破译它的密码钥匙,那么在某种意义上来讲,
你也就给了我与理解这句话有关的所有东西。

《哲学语法》

对语言的理解更像对演算的理解、掌握,
也就是说,类似于会做乘法。

我会说，人只有在需要做诗那样时才需要写哲学；

我相信这话概括了我对哲学的态度。

我觉得，由此一定看得出

我的思想在何种程度上属于现在、将来或过去。

因为说这话也就承认了，

我自己不能完全做到我所愿做的。

《文化与价值》

图书在版编目（CIP）数据

不可言说 /（奥）路德维希·维特根斯坦著；陈嘉映译.
—— 上海：上海文艺出版社，2022
ISBN 978-7-5321-8361-6
Ⅰ.①不… Ⅱ.①路…②陈… Ⅲ.①维特根斯坦（Wittgenstein, Ludwig 1889-1951）– 哲学思想 Ⅳ.① B561.59
中国版本图书馆 CIP 数据核字（2022）第 121153 号

发 行 人　毕　胜
责任编辑　肖海鸥　李若兰
装帧设计　丁威静

书　　名　不可言说
作　　者　[奥] 路德维希·维特根斯坦
译　　者　陈嘉映
出　　版　上海世纪出版集团　上海文艺出版社
地　　址　上海市闵行区号景路 159 弄 A 座 2 楼　201101
发　　行　上海文艺出版社发行中心
　　　　　上海市闵行区号景路 159 弄 A 座 2 楼 206 室　201101　www.ewen.co
印　　刷　北京中科印刷有限公司
开　　本　787×1092　1/40
印　　张　4.8
字　　数　20 千字
印　　次　2023 年 1 月第 1 版　2023 年 1 月第 1 次印刷
I S B N　978-7-5321-8361-6/B.085
定　　价　52.00 元

告 读 者　如发现本书有质量问题请与印刷厂质量科联系　T: 021-37910000